001

002

003

MW00811043

004

005

006

007

008

009

010

011

012

013

014

015

016

017

018

1

019

020

021

022

023

024

025

026

027

028

029

030

031

032

033

034

035

036

037

038

039

040

041

042

043

044

045

046

047

048

049

050

051

052

3

053

054

055

056

057

058

059

060

061

062

063

064

065

066

067

068

069

070

071

072

The FISH

073

074

075

076

MENU

077

078

079

080

081

082

083

084

085

086

087

088

5

089

090

091

092

093

094

095

096

097

098

099

100

101

102

103

104

105

106

107

108

109

110

111

112

113

114

115

116

117

118

119

120

121

122

123

7

124

125

126

127

128

129

130

131

132

133

134

135

136

137

138

139

140

141

142

143

144

145

146

147

148

149

150

151

152

153

154

155

156

9

157

158

159

160

161

162

163

164

165

166

167

168

169

170

171

172

173

174

175

176

177

178

179

180

181

182

183

184

185

186

187

188

189

190

11

191

192

193

194

195

196

197

198

199

200

201

202

203

204

205

206

207

208

209

210

211

212

213

214

215

216

217

218

219

220

221

222

223

224

225

226

227

13

228

229

230

231

232

233

234

235

236

237

238

239

240

241

242

14 243

244

245

246

247

248

249

250

251

252

253

254

255

256

257

258

259

260

261

262

263

264

265

15

266

267

268

269

270

271

272

273

274

275

276

277

278

279

280

281

282

283

284

285

286

287

288

289

290

291

292

293

294

295

296

297

298

299

300

301

302

303

304

305

306

307

308

309

310

311

312

313

314

315

316

317

318

319

320

321

322

323

324

325

326

327

328

329

330

331

332

333

334

335

336

337

338

339

340

341

342

343

344

345

346

347

348

349

350

351

352

353

354

355

356

357

358

359

360

361

362

363

364

365

366

367

368

369

370

371

372

373

374

375

376

377

378

379

380

381

382

383

384

385

386

387

388

389

390

391

392

393

394

395

396

397

398

399

400

401

402

403

404

405

406

407

408

409

410

411

23

412

413

414

415

416

417

418

419

420

421

422

423

424

425

426

427

428

429

400

431

432

433

434

435

436

437

438

439

440

441

442

443

444

445

25

446

447

448

449

450

451

452

453

454

455

456

457

458

459

460

461

462

463

464

465

467

468

469

466

471

472

473

470

474

475

476

477

27

478

479

480

481

482

483

484

485

486

487

490

488

489

491

492

493

494

495

28

496

497

498

499

500

501

502

503

504

505

506

507

508

509

510

511

512

513

29

514

515

516

517

518

519

520

521

522

523

524

525

526

527

528

529

530

531

532

533

534

535

536

537

538

539

540

541

542

543

544

545

546

547

548

549

550

551

552

553

554

555

556

557

558

559

560

561

562

563

564

565

566

567

568

569

570

571

572

573

574

575

BELLES

576

577

578

579

580

581

583

582

584

33

585

586

587

588

589

590

591

592

593

594

595

596

597

598

34

599

600

601

602

603

604

605

606

607

608

609

610

611

612

613

614

615

616

617

618

619

620

621

622

623

624

625

626

627

628

629

630

632

633

631

634

635

636

637

638

639

640

641

642

643

644

645

646

647

648

651

649

650

652

653

654

655

656

657

658

659

660

661

662

663

664

665

666

667

668

669

670

671

672

673

674

675

676

677

39

678

679

680

681

682

683

684

685

687

688

689

686

690

691

692

693

694

40

695

696

697

698

699

700

701

702

703

704

705

706

707

708

709

710

711

712

713

714

41

715

716

717

718

719

720

721

722

723

724

725

726

727

728

729

730

731

732

733

734

42

735

736

737

738

739

740

741

742

743

744

745

MARIA
BOYES
MARIA
BOYES

747

EXLIBRIS
LOLA
FRITZ
LAND

748

746

749

750

751

752

753

754

755

756

757

758

759

760

761

762

763

764

765

766

767

768

769

770

771

772

773

774

775

779

776

777

778

780

781

782

783

784

785

786

787

45

788

789

790

791

792

793

794

795

796

797

798

799

800

801

802

803

804

805

806

807

808

809

810

811

812

813

814

815

816

817

818

819

821

822

820

823

824

825

826

827

828